Курочка Ганды
Handa's Hen

Eileen Browne

Russian translation by Lydia Buravova

Mantra Lingua

У бабушки Ганды была чёрная курочка.
Звали её Монди - и каждое утро
Ганда кормила её завтраком.

Handa's grandma had one black hen.
Her name was Mondi - and every morning
Handa gave Mondi her breakfast.

ак-то Монди не пришла за завтраком.
«Бабушка! - позвала Ганда. - Ты не видела Монди?»
«Нет, - сказала бабушка. - Зато я вижу твою подружку»
«Акейо! - сказала Ганда. - Помоги мне найти Монди»

One day, Mondi didn't come for her food. "Grandma!" called Handa. "Can you see Mondi?"
"No," said Grandma. "But I can see your friend."
"Akeyo!" said Handa. "Help me find Mondi."

Ганда и Акейо обыскали курятник.
«Смотри! Порхают две бабочки», - сказала Акейо.
«А где же Моди?» - сказала Ганда.

Handa and Akeyo hunted round the hen house.
"Look! Two fluttery butterflies," said Akeyo.
"But where's Mondi?" said Handa.

Они заглянули под зернохранилище.
«Тсс! Три полосатые мышки», - сказала Акейо.
«А где же Монди?» - сказала Ганда.

They peered under a grain store.
"Shh! Three stripy mice," said Akeyo.
"But where's Mondi?" said Handa.

Они посмотрели за глиняными горшками.
«Я вижу четыре ящерки», - сказала Акейо.
«А где же Монди?» - сказала Ганда.

They peeped behind some clay pots.
"I can see four little lizards," said Akeyo.
"But where's Mondi?" said Handa.

Они поискали вокруг цветущих деревьев.
«Пять красивых птичек», - сказала Акейо.
«А где же Монди?» - сказала Ганда.

They searched round some flowering trees.
"Five beautiful sunbirds," said Akeyo.
"But where's Mondi?" said Handa.

Они посмотрели в высокой колышущейся траве.
«Шесть сверчков прыгают! - сказала Акейо. - Давай их поймаем!»
«Я хочу найти Монди», - сказала Ганда.

They looked in the long, waving grass.
"Six jumpy crickets!" said Akeyo. "Let's catch them."
"I want to find Mondi," said Handa.

Они дошли до ключа.
«Лягушата, - сказала Акейо. - Целых семь!»

They went all the way down to the water hole.
"Baby bullfrogs," said Akeyo. "There are seven!"

«А где же … ах, посмотри! Следы!» - сказала Ганда.
Они пошли по следам и нашли …

"But where's … oh look! Footprints!" said Handa.
They followed the footprints and found …

«Только колпицы, - сказала Ганда. - Семь … нет, восемь.
А где же, где же Монди?»

"Only spoonbills," said Handa. "Seven … no, eight.
But where, oh where is Mondi?"

«Надеюсь, её не проглотила колпица -
и не съел лев», - сказала Акейо.

"I hope she hasn't been swallowed by a spoonbill -
or eaten by a lion," said Akeyo.

Погрустнев, они пошли обратно к бабушке.
«Девять блестящих скворцов - вон там!» - сказала Акейо.

Feeling sad, they went back towards Grandma's.
"Nine shiny starlings - over there!" said Akeyo.

«Послушай, - сказала Ганда. ^{пи} пи - А что это?

пи пи   пи пи   пи пи   пи пи

Виднеется под тем кустом. Посмотрим?»

"Listen," said Handa. ^{cheep} cheep "What's that?"

cheep   cheep   cheep   cheep
cheep   cheep   cheep   cheep

"It's coming from under that bush. Shall we peep?"

Ганда, Акейо, Монди и десять цыплят

Handa, Akeyo, Mondi and ten chicks

Поспешили, побежали, поскакали к бабушке …

hurried and scurried and skipped back to Grandma's …

где все они наконец позавтракали.

where they all had a very late breakfast.

hen

mice

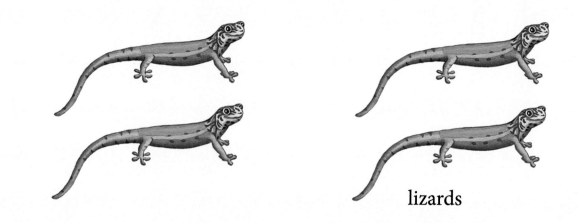

lizards

butterflies

sunbirds

crickets

baby bullfrogs

spoonbills

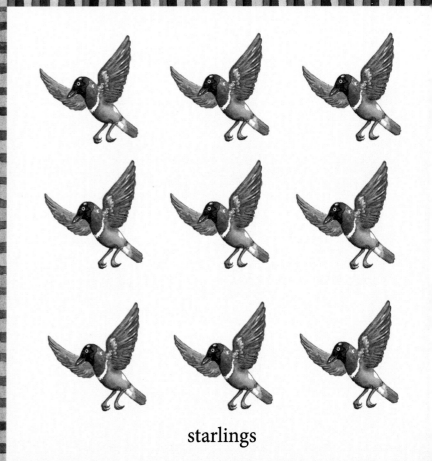

starlings

chicks

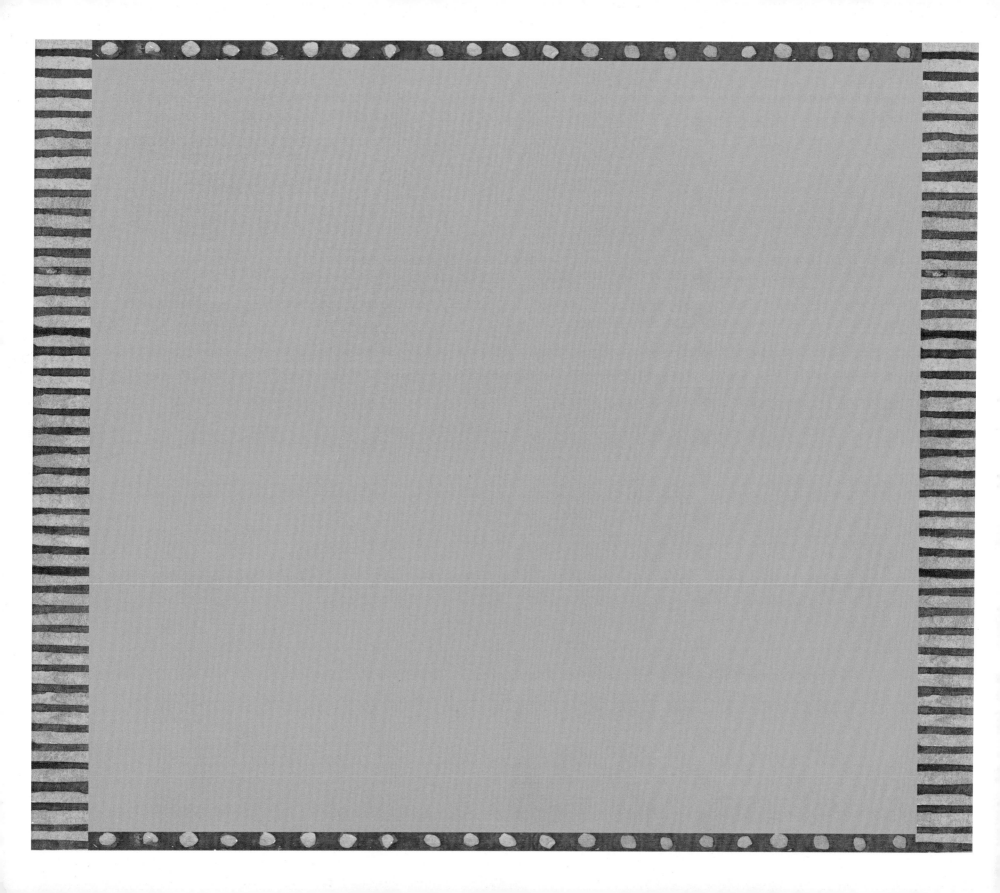